Los animales viven aquí

La vida en el bosque pluvial

por Connor Stratton

nivel 2 little blue readers en español

www.littlebluehousebooks.com

Traducción: © 2023 por Little Blue House
Título original: Life in the Rain Forest
Texto: © 2023 por Little Blue House
Traducción: Annette Granat

La serie Little Blue House es distribuida por North Star Editions.
sales@northstareditions.com | 888-417-0195

Este libro ha sido producido para Little Blue House por Red Line Editorial.

Fotografías ©: Imágenes de Shutterstock: portada, 4 (imagen inferior), 14–15, 16–17, 18, 24 (esquina superior izquierda), 24 (esquina superior derecha); imágenes de iStock: 4 (imagen superior), 7, 9, 11, 12, 21, 22–23, 24 (esquina inferior izquierda), 24 (esquina inferior derecha)

Library of Congress Control Number: 2022912226

ISBN
978-1-64619-693-7 (tapa dura)
978-1-64619-725-5 (tapa blanda)
978-1-64619-787-3 (libro electrónico en PDF)
978-1-64619-757-6 (libro electrónico alojado)

Impreso en los Estados Unidos de América
Mankato, MN
012023

Sobre el autor

Connor Stratton disfruta explorar nuevos lugares, detectar nuevos animales y escribir libros para niños. Él vive en Minnesota.

Tabla de contenido

Animales del bosque pluvial **5**

Muchos colores **13**

Grandes y pequeños **19**

Glosario **24**

Índice **24**

árbol

Animales del bosque pluvial

El bosque pluvial tiene muchos árboles y es húmedo. Muchos animales diferentes viven aquí.

Los orangutanes viven en el bosque pluvial.

Ellos tienen pelaje.

Ellos pueden colgarse de las ramas de los árboles.

rama
orangután
pelaje

Las guacamayas viven en el bosque pluvial.
Estas loras tienen plumas brillantes y coloridas.
Ellas pueden volar por encima de los árboles.

guacamaya
pluma

Las pitones viven en el bosque pluvial.
Estas serpientes tienen escamas.
Ellas pueden treparse por los árboles.

pitón
escamas

rana

Muchos colores

Las ranas viven en el bosque pluvial. Algunas ranas son de color verde, anaranjado y azul. Ellas tienen unos grandes ojos rojos.

Los jaguares viven en el bosque pluvial.

Ellos tienen un pelaje amarillo con manchas negras.

Ellos cazan para alimentarse.

jaguar

Los camaleones viven en el bosque pluvial.
Ellos pueden cambiar de color.

camaleón

elefante
trompa

Grandes y pequeños

Los elefantes viven en el bosque pluvial.

Ellos son los animales más grandes de la tierra.

Ellos tienen una larga trompa.

Las mariposas viven en el bosque pluvial. Estos insectos son pequeños, ligeros y tienen alas de colores.

ala
mariposa

Los perezosos viven en el bosque pluvial.

Ellos se mueven lentamente.

Se pueden colgar de las ramas.

perezoso

Glosario

elefantes

jaguar

guacamaya

rana

Índice

C

camaleones, 16

O

orangutanes, 6

P

perezosos, 22

pitones, 10